L'azzardo del gioco patologico

Un'esplorazione del fenomeno del gambling entro una prospettiva psicologica

Alberta Mazzola

Copyright © 2020 Alberta Mazzola

Tutti i diritti riservati.

Codice ISBN: 9781661884659

A Giuseppe.

A Rosanna.

La copertina è stata disegnata utilizzando risorse da freepik.com

Indice

Introduzione 3

1. Un inquadramento storico-culturale 7

2. Il giocatore d'azzardo negli approcci delle scienze 13

    I modelli della psichiatria...18

    I modelli della psicologia 23

    Una lettura della sociologia: il gioco d'azzardo come
    prodotto commerciale...27

3. Le prassi di intervento nel gambling 31

    Il processo di gestione ambulatoriale nel gambling...........32

    L'assessment nel gambling 34

    I trattamenti nel gambling 38

    La prevenzione nel gambling 41

4. Una proposta interpretativa: l'azzardo del gioco patologico ...45

Conclusioni 51

Riferimenti bibliografici...53

"Il vero signore si vede a tavola e al tavolo da gioco"

Rosanna Buonocore

Introduzione

Questa monografia punta a presentare un'esplorazione circa il fenomeno del gioco d'azzardo.

Cos'è il gioco d'azzardo e cosa si intende quando si parla di esso? Cosa invece si intende quando si parla di Gioco d'Azzardo Patologico? A cosa ci si riferisce quando si parla di gambling? E di craving? Nel corso dello scritto, viene proposta un'analisi del fenomeno, attraverso un'esplorazione delle componenti, dei costrutti, delle teorie e delle prassi che fanno riferimento al complesso fenomeno del gioco d'azzardo.

Lo scritto è rivolto ai professionisti coinvolti nella gestione di interventi su problematiche connesse al gioco d'azzardo, ma si rivolge in senso più ampio a chiunque, professionista o meno, sia interessato ad un approfondimento dedicato al fenomeno gioco d'azzardo.

La monografia si fonda su un approccio psico-sociologico con il quale, nel corso dello scritto, verranno indagate le componenti culturali che fondano le pratiche di studio, di intervento e le definizioni stesse che tale costrutto assume nel corso del tempo.

La prima parte della monografia è dedicata ad indagare il cambiamento culturale che connota la rappresentazione del gioco d'azzardo nel passaggio da attività illegale ad attività di intrattenimento con ampia diffusione sociale, fino a diventare oggetto di studio di diverse discipline.

Si punta poi ad inquadrare la misura del fenomeno, ossia proporre una fotografia sull'attuale diffusione del gioco d'azzardo, con particolare focus sul contesto italiano.

A partire da un'analisi della letteratura sul tema, il capitolo successivo offrirà una review circa le principali elaborazioni teoriche proposte dalle diverse discipline che approcciano all'analisi dei problemi concernenti il fenomeno del gioco d'azzardo. Si partirà dal proporre una prospettiva psichiatrica sul fenomeno, introducendo il costrutto di Gioco d'Azzardo Patologico (GAP) e di Dipendenza da Gioco d'Azzardo (DGA). Verranno presentati poi i principali approcci nell'ambito della psicologia analizzando le differenze tra le diverse modellizzazioni proposte, in un confronto tra i modelli sistemico-relazionali, psicoanalitici e cognitivo-comportamentali. Il paragrafo seguente sarà dedicato ad una prospettiva sociologica, dove si analizzerà il gioco d'azzardo come prodotto commerciale entro la cornice concettuale delle teorie neoliberiste sulle regole del libero mercato.

A seguire, un capitolo dedicato a presentare i più diffusi approcci nelle prassi di valutazione, terapia e prevenzione del gioco patologico.

In conclusione, si proporrà un'interpretazione delle dimensioni culturali proposte dai modelli e dalle prassi di intervento diffuse in relazione al gioco d'azzardo, in una prospettiva psico-sociologica. In particolare, si proporrà di esplorare tali modelli e prassi come prodotti culturali, da analizzare come tracce per indagare le simbolizzazioni che caratterizzano le culture condivise entro cui vengono prodotti discorsi e comportamenti relativi al gambling.

1. Un inquadramento storico-culturale

Il gioco d'azzardo, in inglese "gambling", comincia a diventare oggetto di interesse per la ricerca scientifica intorno agli anni '70 del XXI secolo, per arrivare a consolidarsi come materia di studio intorno agli anni 2000, in relazione alla crescente attenzione rivolta al fenomeno nell'ambito dell'opinione pubblica.

Facciamo un passo indietro, a tracciare la storia del fenomeno nel corso del tempo, esplicitando a cosa si fa qui riferimento quando si parla di gioco d'azzardo.

Treccani[1] definisce il gioco d'azzardo come:

> Attività ludica in cui ricorre il fine di lucro e
> nella quale la vincita o la perdita è in prevalenza
> aleatoria, avendovi l'abilità un'importanza

---

[1] Cfr: www.treccani.it/enciclopedia/gioco-d-azzardo

trascurabile. Ne esistono svariati tipi, dai più antichi, come il gioco dei dadi (azzardo deriva dall'arabo az-zahr, che significa dado), a quelli più recenti effettuati con apparecchi automatici o elettronici. Possono dar luogo a una condizione patologica di dipendenza consistente nell'incapacità cronica di resistere all'impulso al gioco, con conseguenze anche gravemente negative sull'individuo stesso, la sua famiglia e le sue attività professionali.

Se è difficile risalire alle origini del gioco d'azzardo, ampiamente diffuso già presso le popolazioni arabe, greche e romane, è possibile individuare un successivo momento importante nella storia del fenomeno: a partire dagli anni '60 i diversi governi nazionali aprono alla legalizzazione e alla regolamentazione del gioco d'azzardo.

Con la legalizzazione del gioco d'azzardo si assiste ad un importante cambiamento delle rappresentazioni e delle pratiche ad esso connesse. Da attività illegale, praticata ai margini della società, oggetto di biasimo e di stigma, il gioco d'azzardo diventa un'attività legittima, un lecito intrattenimento e un redditizio àmbito di lavoro per attività commerciali nascenti. Si assiste ad una rapida diffusione delle pratiche di gioco. Si inizia a parlare di "azzardo di prossimità", facendo riferimento alla possibilità di giocare legalmente in luoghi dove prima era vietato, per arrivare a parlare di "ubiquità del gioco d'azzardo", in relazione alla semplicità di reperire occasioni di gioco legale.

Va sottolineato quanto l'evento della legalizzazione abbia contribuito ad un cambiamento della cultura relativa al gioco d'azzardo. Una volta diventato legale, il gioco d'azzardo diventa sempre più diffuso, come occasione di attività commerciale nonché come lecita pratica di intrattenimento. Si assiste ad un vero e proprio cambiamento culturale relativamente al gioco d'azzardo. Si diffonde un passaggio nella rappresentazione del gioco d'azzardo, che da attività illecita e connotata da stigma sociale, diventa pratica comune di facile accessibilità. Il gioco diventa un bene di consumo e, in particolare, si diffonde la rappresentazione del gioco come forma di intrattenimento, oggetto di fantasie di arricchimento a prescindere dal conseguimento di abilità o conoscenze specifiche. Nel corso del tempo il gioco d'azzardo si estende in modo capillare entro la società, configurandosi come attività mainstream. Le scienze si interessano al gioco d'azzardo come fenomeno sociale, ma anche in relazione alle possibili turbe dell'ordine pubblico che può essere messo a rischio dai comportamenti dell'individuo giocatore che mostra di non riuscire a regolare il proprio coinvolgimento nel gioco.

Il fenomeno del gioco d'azzardo trova il suo riconoscimento come oggetto di indagine scientifica sul finire del XX secolo, con la fondazione di riviste scientifiche dedicate all'argomento. Nel 1985 nasce *The Journal of Gambling Behaviour*, che cambierà poi il nome in *Journal of Gambling Studies*, mentre nel 2001 viene fondato l'*International Gambling Studies*. E', inoltre, nel 1980 che l'APA (American Psychiatric Association) inserisce il Disturbo da Gioco d'Azzardo nel DSM (Diagnostic and Statistical Manual of Mental Disorders), sancendo la nascita di una sindrome, oggetto di studio e intervento per la medicina. Da allora, molto è stato scritto, tuttavia molto sembra esserci da studiare ancora rispetto al fenomeno del gambling, come sostiene la rivista Nature[2], che apre l'editoriale del 25 gennaio 2018 con le seguenti parole: "Science has a gambling problem. Researchers and government agencies pay too little attention to pathological gambling. This must change".

---

[2] Cfr: www.nature.com/articles/d41586-018-01051-z

Le parole di *Nature* sembrano riecheggiare con più intensità se confrontate con i più recenti dati di diffusione del gioco d'azzardo. In Italia, il volume di denaro giocato ha registrato un aumento di 5 miliardi di euro nel solo 2018. Il fatturato del gioco d'azzardo in Italia è triplicato nell'arco di un decennio, andando a classificarsi come primo paese europeo per spesa in gioco d'azzardo, nonché terzo nel mondo dopo USA e Giappone (Pedrone, 2014). Nel 2019, l'Agenzia delle Dogane e dei Monopoli ha pubblicato il Libro Blu[3] relativo ai dati di consumo dell'anno precedente rispetto al mercato del gioco d'azzardo legale in Italia: nel 2018 il totale del consumo ammonta a 106,8 miliardi di euro, registrando un trend decisamente in aumento rispetto agli anni precedenti: 88,2 miliardi nel 2015; 96,1 miliardi nel 2016; 101,8 nel 2017.

Inoltre, l'indagine sul gioco d'azzardo condotta dall'Istituto Superiore di Sanità (ISS)[4] evidenzia che un adulto su tre ha giocato d'azzardo almeno una volta nell'ultimo anno. Sarebbero 18 milioni gli italiani ad aver giocato d'azzardo nel 2017 e i giocatori problematici sarebbero più di un milione e mezzo. Quasi un altro milione e mezzo presenterebbe, invece, rischi moderati di gioco patologico. Un focus specifico è dedicato ai giovani: 700 mila studenti tra i 14 e i 17 anni hanno giocato d'azzardo. Sono invece tre milioni gli over 65 che giocano abitualmente, soprattutto con le lotterie istantanee, 60 mila dei quali manifestano problemi col gioco d'azzardo. Ancora secondo l'ISS, si registra una maggiore tendenza a contrarre debiti per i giocatori d'azzardo rispetto a chi non gioca: il 27,7% dei giocatori intervistati ha ottenuto prestiti da società finanziarie rispetto al 4% dei non giocatori e il 14,2%

---

[3] Cfr:
www.adm.gov.it/portale/documents/20182/536133/LibroBlu_2018_Web.pdf/71883245-0320-4a6a-9c1f-be196ed4439f
[4] Cfr: ufficiostampa.iss.it/?p=1335

ha chiesto anche prestiti a privati rispetto allo 0,9% dei non giocatori.

Incrociando poi i dati sull'aumento del consumo di gioco d'azzardo con quelli dell'aumento del rischio di povertà in Italia è possibile interpretare in una cornice più ampia l'atteggiamento allarmato con cui molti media e associazioni di settore evidenziano gli impatti sociali oltre che economici del gioco d'azzardo.

Il Rapporto Istat Sdgs (Sustainable Development Goals) relativo all'anno 2018[5] evidenzia che 17 milioni di italiani sono a rischio povertà ed esclusione sociale. Tali dati non fanno riferimento esclusivamente a persone inoccupate, le persone con un'occupazione senza un reddito sufficiente sarebbero infatti il 12,2%. Si sottolinea, inoltre, che sarebbero oltre 1,8 milioni le famiglie in condizioni di povertà assoluta, per un numero complessivo di 5 milioni di individui (8,4% del totale). Le famiglie in condizioni di povertà relativa, invece, sono poco più di 3 milioni (11,8%), quasi 9 milioni di persone (15,0% del totale).

---

[5] Cfr: www.istat.it/it/files/2019/04/SDGs_2019.pdf

2. Il giocatore d'azzardo negli approcci delle scienze

In questo capitolo si intende proporre una panoramica sui principali costrutti teorici prodotti in merito al fenomeno del gambling, elaborati entro le diverse prospettive metodologiche. A partire da un'analisi della letteratura sul tema, si introdurranno quindi i più diffusi modelli di lettura e/o di intervento prodotti da diverse discipline.

La seguente esplorazione si fonda su un approccio psicosociologico, ed è guidata dall'ipotesi per cui i modelli teorici, in quanto prodotti culturali, possano essere considerati indizi della cultura condivisa in merito ad uno specifico tema.

Possiamo proporre una prima categorizzazione per i modelli teorici, rispetto al criterio del punto di vista assunto, ossia rispetto all'epistemologia proposta ed in particolare in relazione alla scelta dell'oggetto di analisi. Si può operare una distinzione tra modelli individualisti e modelli culturalisti: i primi centrati sull'individuo, i secondi sulla relazione tra individuo e contesto sociale di riferimento.

I modelli che eleggono il proprio oggetto di studio nell'individuo-giocatore, focalizzano l'analisi sui fattori che portano il soggetto a sviluppare e mantenere determinati comportamenti, riassunti in quadri concettuali definibili come disturbi, patologie o sintomi connessi al gambling. Tale approccio caratterizza le scienze mediche e alcuni approcci psicologici, che studiano le caratteristiche neurobiologiche o psicologiche dell'individuo. Approfondiremo questi aspetti nel corso del paragrafo. Si riporta, intanto, che la principale critica posta a questo impianto epistemologico evidenzia la tendenza ad un eccessivo riduzionismo causale. Tale impostazione epistemologica porta a perseguire la ricerca della matrice di comportamenti di consumo di gioco. Entro tali modelli, i comportamenti di consumo vengono rappresentati come determinati da processi fisiologici. Si fa specifico riferimento a processi fisiologici di matrice corporea, associati principalmente a meccanismi neuronali (come i neuroni a specchio). In alternativa, tale impostazione epistemologica caratterizza approcci teorici che mirano alla ricerca di una tipizzazione dell'individuo, determinata da categorizzazioni per profili di gioco, o caratteristiche di personalità, o ricerca di tratti invarianti o, per metafora, alla ricerca di una fisiologia di processi psichici, come modelli di gestione di conflitti intrapsichici o ancoraggio a credenze errate.

In seguito, torneremo ad approfondire il riferimento ai modelli teorici qui solo accennati al fine di una prima categorizzazione teorica utile ad introdurre l'argomento.

La principale critica all'approccio individualista, quindi, si concentra circa la tendenza ad individuare nel corpo, o comunque in invarianze individuali, la radice di comportamenti definiti come patologici. Si sottolinea come critica l'assenza di una contestualizzazione storica, culturale o sociale del fenomeno, che appiattisce il fenomeno entro categorie omogenee, molto distanti dall'esperienza empirica. Tale critica proviene da chi approccia il fenomeno entro una prospettiva diversa, individuando un diverso oggetto d'analisi e utilizzando diverse categorie e costrutti teorici. E' questo il caso dell'approccio delle scienze sociali, come l'epidemiologia, la sociologia e alcuni modelli psicologici, che propongono costrutti volti a interpretare il gambling come un fenomeno sociale. L'oggetto d'analisi è in questo caso il contesto sociale o la relazione tra questo e l'individuo, che influenza o determina l'insorgere e il mantenere di problemi dell'individuo con il gioco d'azzardo.

Attraverso un lavoro di review operato a partire dalla letteratura sul tema del gioco d'azzardo, è possibile individuare alcuni modelli che assumono una posizione centrale entro il dibattito scientifico sul topic. In questa parte dello scritto, proporremo quindi una prospettiva sulle principali categorizzazioni proposte dalle diverse discipline. Focalizzeremo, in particolare, un confronto fra i diversi modelli teorici, a partire dalla psichiatria, passando per le modellizzazioni della psicologia, fino a introdurre gli approcci dell'epidemiologia e del Public Health Approach.

La psichiatria, in quanto branca della medicina, propone modellizzazioni del problema caratterizzate da un approccio descrittivo, che passa per l'individuazione di segni e sintomi, volti a tracciare quadri nosografici, a individuare diagnosi di sindromi o disturbi. Tale approccio trova la sua derivazione dall'epistemologia stessa della disciplina che si fonda sulla ricerca di eziologia e patogenesi del quadro clinico.

Nel corso della storia si sono susseguite diverse definizioni diagnostiche dell'individuo caratterizzato da problematiche nel rapporto con il gioco d'azzardo. Il quadro clinico del soggetto è stato associato ad una specifica declinazione riferita allo spettro del disturbo ossessivo-compulsivo, o dei disturbi dell'affettività, o dei disturbi del controllo degli impulsi, o dei disturbi da dipendenza da sostanze.

Più avanti nel testo, nel paragrafo dedicato, verrà approfondito l'argomento, proponendo un'esplorazione degli sviluppi della categorizzazione del problema proposta DSM (dall'inglese, Diagnostic and Statistical Manual of Mental Disorders), con l'obiettivo di tracciare la storia dell'approccio psichiatrico al problema.

Passando alla successiva disciplina, verranno trattati alcuni dei modelli proposti dalla psicologia. Così come per l'approccio psichiatrico, si proporrà di analizzare le teorie della psicologia come indizi di simbolizzazioni sul problema, ossia come prodotti di culture condivise su un particolare fenomeno. Si dedicherà particolare attenzione ai due principali approcci diffusi nel dibattito sul tema: l'approccio psicoanalitico e quello cognitivo-comportamentale. Entro l'approccio psicoanalitico si propone una modellizzazione del gambling centrata sul comportamento dell'individuo che viene interpretato come indizio di una dinamica simbolica inconscia che si inserisce nel contesto della storia soggettiva e nel rapporto attuale con i contesti di appartenenza. Facendo riferimento all'assunto di Sigmund Freud per cui la vera realtà psichica è l'inconscio, la proposta psicoanalitica elegge i vissuti e le fantasie relative al comportamento del giocatore ad oggetto di indagine. Si propone di interpretare tali fantasie come indizi da analizzare per esplorare la dimensione inconscia del rapporto con la realtà messa in campo dal giocatore. L'oggetto di analisi, in altre parole, è la dimensione inconscia che connota la relazione del soggetto con la realtà, relazione entro cui si sviluppano fantasie, vissuti e comportamenti (Carli, 2015).

Le teorie che fanno riferimento all'approccio cognitivo-comportamentale, invece, scelgono il comportamento dell'individuo come oggetto di analisi, interpretandolo entro una differente prospettiva. Il comportamento è definito come l'esito di meccanismi di apprendimento e di rinforzo, che determinano l'avvio e il mantenimento dell'atteggiamento problematico. La teoria di riferimento delle diverse categorizzazioni proposte, in questo caso, va individuata nel modello del "Condizionamento operante" attraverso meccanismi di premi e punizioni, che trova tra i suoi riferimenti principali i lavori Burrhus Skinner ed Edward Lee Thorndike (Griffiths 1995; Orford 2001). Semplificando, una facile vittoria iniziale potrebbe rappresentare una ricompensa che crea associazioni positive con i comportamenti di gioco e ne incentiva le ripetizioni. Entro le differenti declinazioni, i modelli cognitivo-comportamentali individuano un elemento comune nell'obiettivo di modificare convinzioni o stili di comportamento errati.

I due approcci psicologici propongono quindi sostanziali differenze nella elaborazione dell'oggetto di analisi e nella lettura del fenomeno. Se per il modello cognitivo-comportamentale il comportamento rappresenta l'elemento da correggere, nell'approccio psicoanalitico il comportamento rappresenta una risorsa da indagare, in quanto indizio della dinamica inconscia che crea un problema più complesso esperito dal soggetto nella relazione con la realtà.

L'approccio proposto dall'epidemiologia propone ulteriori differenze rispetto all'oggetto di analisi e alla concettualizzazione del fenomeno. L'epidemiologia, infatti, propone studi longitudinali su ampi raggruppamenti di individui, al fine di mettere in evidenza variabili ricorrenti o tendenze demografiche. Parliamo, in questo caso, di un approccio descrittivo al problema, che può esitare nella definizione di diverse tipologie di giocatori d'azzardo o nella definizione delle diverse variabili che li caratterizzano.

Facendo un ulteriore passaggio epistemologico, si propone, infine, la Public Health Perspective. Tale approccio, elaborato da da Korn e Shaffer (1999), parte dall'assunto per il quale gli Stati hanno il dovere di assumere la responsabilità psicologica e sociale dei cittadini. In particolare, si sottolinea l'impatto psicologico e sociale dei danni provocati dal gioco d'azzardo sull'individuo e sui sistemi di appartenenza (famiglie e comunità locali, in primis), evidenziando, di contro, i grandi guadagni che i governi traggono dall'esercizio del gioco. Entro tale prospettiva è possibile collocare diverse teorie che elaborano modelli volti a prevenire comportamenti devianti legati al gioco d'azzardo, in particolare tramite azioni rivolte alla popolazione giovanile. Tra i vari autori, si ricordano Recentemente, Messerlian, Derevensky e Gupta (2003) che individuano 4 obiettivi di salute pubblica: denormalizzazione del fenomeno; protezione; prevenzione; riduzione del danno.

I modelli della psichiatria

In questo paragrafo si propone un focus sulla formulazione dei problemi legati al gioco d'azzardo da parte della medicina, ed in particolare da parte della psichiatria. Si partirà dal proporre un'esplorazione relativa alle categorie diagnostiche Gioco d'Azzardo Patologico e Disturbo da Gioco d'Azzardo, per proseguire poi con un'introduzione del concetto di craving e di new addiction.

Nella più recente classificazione internazionale delle malattie e dei problemi correlati, stilata dall'Organizzazione mondiale della sanità (OMS-WHO), l'ICD-10[6] (International

---

[6] Cfr: www.who.int/classifications/icd/en/bluebook.pdf

Classification of Diseases), si parla di disturbo da Gioco d'Azzardo Patologico (GAP), che viene inserito nella categoria dei Disturbi delle abitudini e degli impulsi, esso prevede:

> episodi frequenti e ripetuti di gioco d'azzardo (almeno due nell'arco di un anno) che mostrino caratteri di irrazionalità e persistenza di fronte alle conseguenze negative, in grado di compromettere la vita familiare, sociale e lavorativa del giocatore.

La più recente versione del DSM (Diagnostic and Statistical Manual of Mental Disorders) edito dall'APA (American Psychiatric Association) nel 2013, individua invece il Disturbo da Gioco d'Azzardo (DGA) come caratterizzato dalla presenza dei seguenti criteri diagnostici:

> A. Persistente e ricorrente comportamento di gioco d'azzardo maladattivo che conduce a compromissione o disagio clinici, come indicato da quattro (o più) dei seguenti criteri in un periodo di 12 mesi:
>
> 1. Ha bisogno di giocare d'azzardo con quantità crescenti di denaro al fine di ottenere la desiderata eccitazione.
>
> 2. È irrequieto o irritabile quando si tenta di ridurre o interrompere il gioco d'azzardo.
>
> 3. Ha compiuto sforzi ripetuti senza successo per controllare, ridurre, o interrompere il gioco d'azzardo.
>
> 4. È spesso preoccupato dal gioco (ad esempio, ha pensieri sulle passate esperienze di gioco, pensieri su modi per ottenere denaro con cui continuare a giocare).
>
> 5. Spesso scommette quando si sente angosciato (ad esempio, inerme, colpevole,

ansioso, depresso).

6. Dopo aver perso soldi al gioco, spesso torna un altro giorno per ottenere la rivincita.

7. Mente per nascondere l'entità del coinvolgimento con il gioco d'azzardo.

8. Ha messo a repentaglio o perso una relazione significativa, il lavoro, o opportunità di istruzione o di carriera a causa del gioco d'azzardo.

9. Si appoggia agli altri per trovare denaro per alleviare situazioni finanziarie difficili provocate dal gioco d'azzardo.

B. Il comportamento di gioco d'azzardo non è meglio spiegato da un episodio maniacale.

La gravità clinica viene definita dal Manuale sulla base del numero di criteri diagnostici presenti, presupponendo che un soggetto con 5 criteri sia meno grave di un altro con 8 criteri: Lieve= riscontro di 4 o 5 criteri; Moderata= riscontro di 6 o 7 criteri; Grave= riscontro di 8 o 9 criteri (APA, 2013).

Ripercorrendo brevemente il percorso della categorizzazione psichiatrica del disturbo da gioco d'azzardo, possiamo individuare alcuni elementi di discontinuità.

Ricordiamo che il disturbo da gioco d'azzardo viene formalizzato come sindrome medica per la prima volta nel 1980 ad opera dell'APA che la inserisce nel DSM-III. In quella definizione il disturbo da gioco d'azzardo viene definito come Gioco d'Azzardo Patologico e inserito nella categoria che viene indicata come Disturbi degli impulsi. Nel confronto con la più recente versione del Manuale, ossia il DSM-V del 2013, vediamo, invece, mettere in atto un cambiamento di categoria e di definizione. Si parla infatti di Disturbo da Gioco d'Azzardo

(DGA), che viene attualmente inserito nella sfera dei Disturbi da sostanze e disturbi di addiction. Con la più recente modellizzazione del fenomeno da parte del DSM, il disturbo da gioco d'azzardo rientra nell'ampio universo delle cosiddette "new addiction", dove il riferimento alla presenza di una sostanza non è determinante a definire l'atteggiamento di dipendenza, arrivando a parlare di "dipendenza sine substantia". Si pensi alle addiction da smartphone o da social, o in senso più ampio, alle addiction da nuove tecnologie, alle addiction connesse alle pratiche di cura del corpo, come l'esercizio fisico o i trattamenti estetici. Tali atteggiamenti risultano essere caratterizzati dall'assenza di una sostanza capace di determinare una dipendenza a livello organico, oltre che prive di conseguenti danni a livello fisico.

Vi è, al tempo stesso, un fil rouge individuabile tra le new addiction: tutte presentano la costante di un impatto sociale o economico rilevante, sia sul soggetto individuato come addicted, sia sui sistemi di appartenenza entro cui gli individui mettono in atto tali comportamenti di dipendenza. Potremmo dire che è ancora una volta l'ordine sociale ad essere allarmato da comportamenti non coerenti alle regole del gioco che normano i rapporti di convivenza entro le comunità. In linea con tale ipotesi possiamo ipotizzare che le new addiction rappresentano declinazioni nuove con cui l'individuo provoca un conflitto rompendo il patto sociale. In altri termini, possiamo proporre di analizzare l'introduzione di una nuova categoria diagnostica per il gambling, e le new addiction più in generale, come indizio di cambiamenti culturali rispetto al modo di simbolizzare specifici fenomeni che emergono come problematici al punto di comportare la costruzione di una nuova categoria diagnostica dedicata. Pensiamo all'interessante introduzione del concetto di craving. Il craving può essere definito come "intenso e irrefrenabile desiderio di assumere una sostanza psicotropa già provata in precedenza; è uno dei sintomi della dipendenza"[7]. Il desiderio intenso e irrefrenabile diventa una variabile volta a definire la presenza o l'assenza di una sindrome. Recuperiamo l'etimologia del termine, dall'inglese "to crave": desiderare ardentemente, bramare. L'etimologia del concetto sembra richiamare in modo più chiaro la storia dell'elaborazione culturale del concetto di desiderio nel corso del tempo. Si pensi all'interpretazione del desiderio nel Romanticismo, nello Sturm und Drang, forza vitale e distruttiva, capace di determinare modi passionali di vivere i rapporti con la persona amata, con gli ideali, con la realtà. Si propone l'ipotesi per cui, a differenza della letteratura ottocentesca, il desiderio irrefrenabile crea una rottura del patto sociale arrivando a contribuire alla definizione di una diagnosi psichiatrica. O meglio, non è il solo desiderio ma le conseguenze economiche e sociali di tale desiderio ad allarmare il sistema di convivenza, fino a richiedere un intervento volto a ristabilire l'ordine, riconducendo l'atteggiamento del singolo individuo al patto sociale e al rispetto delle regole sociali infrante dal desiderio sregolato.

Interessante notare come la dinamica del desiderio vissuto come irrefrenabile dall'individuo, che agisce come incapace di regolarsi rispetto ai limiti determinati dalle regole sociali, sia un costrutto che trova una recente definizione ad hoc con la nascita del concetto di craving, sottolineata nel cambiamento di categoria del disturbo da gioco d'azzardo, segnato dal passaggio da disturbo degli impulsi a disturbo da sostanze.

---

[7] Cfr: www.garzantilinguistica.it/ricerca/?q=craving

I modelli della psicologia

Come proposto in apertura di capitolo, ci occuperemo qui di mettere a fuoco alcune delle teorie che un approccio psicologico al fenomeno del gioco d'azzardo propone. Si è proposta una prima distinzione tra due dei più rilevanti approcci al fenomeno, quello cognitivo-comportamentale e quello psicoanalitico. In questo capitolo, si proporrà un approfondimento su questi modelli, introducendo inoltre un ulteriore elemento di confronto, l'approccio sistemico-relazionale.

L'approccio sistemico-relazionale al gioco d'azzardo propone di analizzare il comportamento individuato come problematico del singolo, nel contesto delle dinamiche del sistema familiare cui l'individuo appartiene. Entro tale approccio, una delle teorie più diffuse rispetto allo studio del fenomeno del gamblig è la teoria della co-dipendenza. Questa teoria propone di leggere la dipendenza del gioco d'azzardo attribuita all'individuo come espressione di una dinamica problematica costruita e perpetuata entro il sistema relazionale del soggetto. Entro tale ottica, il destinatario degli interventi mirati ad occuparsi della dipendenza del soggetto non può essere l'individuo ma il sistema relazionale di riferimento, che può essere riconosciuto nel partner o nel gruppo familiare. Tale teoria sostiene l'incapacità/impossibilità del soggetto di risolvere la propria dipendenza laddove non supportato da un intervento sul sistema relazionale di riferimento, che è l'oggetto dell'intervento stesso. Per cui se è un sistema sociale a sostenere una dinamica problematica, la modifica di comportamenti di uno degli elementi di questo sistema non potrà modificare l'intero assetto, che sarà mantenuto dal sistema. Se l'individuo lavora per modificare determinati equilibri condivisi con il sistema, sarà non solo non supportato ma ostacolato dal sistema che è co-dipendente.

Si può notare che, aldilà delle sostanziali differenze, è possibile individuare dei punti di contatto tra l'approccio sistemico-relazionale e l'approccio psicoanalitico alla dipendenza da gioco d'azzardo. Entrambi gli approcci infatti puntano ad analizzare i comportamenti del soggetto portatore del problema come indizi di una dinamica più ampia, che coinvolgono il soggetto implicato entro le dinamiche di relazione.

In particolare, l'approccio psicoanalitico fa riferimento alle teorie di Sigmund Freud sul modo di funzionare della mente. Vi sono diverse categorizzazioni che derivano dalle elaborazioni teoriche freudiane. Schematizzando, possiamo individuare due filoni interpretativi che la psicoanalisi propone per trattare il fenomeno: l'analisi del conflitto intrapsichico e l'elaborazione del simbolo.

In un caso il comportamento di gioco viene interpretato come sintomo di una nevrosi originata da un conflitto intrapsichico del soggetto. Il comportamento, in tale ottica, rappresenterebbe il sintomo che è interpretato come espressione di un problema inconscio, come potrebbe essere il senso di colpa per il conflitto edipico. Tale lettura del fenomeno comporta un intervento volto ad analizzare il sintomo come indizio di una dinamica inconscia antica, da rielaborare con l'obiettivo di mettere in atto un meccanismo trasformativo volto allo sviluppo di dinamiche di relazione più funzionali e rispondenti alle attuale istanze di vita del soggetto. Vi è poi una differente declinazione delle teorie freudiane, che modellizza l'inconscio come un modo di funzionare della mente, ossia come un modo di simbolizzare emozionalmente la realtà. In tale ottica, cioè, l'inconscio funziona come un'organizzazione di sistemi simbolici emozionati che non seguono le regole della logica (come spazio, tempo, non contraddizione), analogamente a quanto avviene nell'esperienza onirica. Tale modello propone di analizzare il funzionamento della mente come un processo di creazione di una dimensione simbolica costruita entro la relazione con gli altri. L'esperienza di rapporto con la realtà è codificata attraverso simboli carichi di emozione, in una complessità crescente: dalle dimensioni primarie come amico/nemico, fino a costruire dimensioni più complesse espresse dalle specifiche culture locali che determinati gruppi sociali condividono. In altre parole, tale approccio propone un'analisi del fenomeno attraverso un'esplorazione della simbolizzazione che il soggetto ne elabora, attraverso processi emozionali e inconsci che connotano la relazione tra il soggetto e il contesto sociale entro cui partecipa.

Con l'approccio cognitivo-comportamentale compiamo un rilevante passaggio epistemologico, andando a individuare come oggetto di analisi il comportamento dell'individuo, che viene concettualizzato come il prodotto di un apprendimento. Le differenti teorie proposte entro tale approccio metodologico trovano il loro fil rouge nel riferimento al concetto di pensieri erronei come causa dell'avvio e del mantenimento di comportamenti problematici. Si fa riferimento a un concetto affine a quello che nel DSM viene definito come disturbo del pensiero. In questa declinazione però tale concetto è strettamente connesso a quello di deficit informativo. In altre parole, il soggetto non ha avuto accesso a tutte le informazioni necessarie a sviluppare credenze corrette in merito al gioco d'azzardo. Altro concetto chiave è quello di "azione economica razionale" postulata alla base dell'agire umano: l'individuo agisce puntando ad economicizzare le proprie risorse (in termini di tempo, energie, denaro) secondo un principio di massima razionalità. In tal senso, comportamenti diseconomici vanno spiegati con un deficit di informazioni, utili a procedere invece in modo più economico e razionale. Gli interventi, entro tale approccio, puntano quindi a fornire al soggetto tali informazioni, correggendo credenze erronee e attivando processi di apprendimento più funzionali. In tale solco, si inserisce ad esempio la teoria della fallacia del giocatore, che individua la convinzione del soggetto di aver quasi vinto, dopo aver ripetutamente perso. Tale convinzione erronea funge da rinforzo a reiterare il comportamento di gioco e va quindi corretta con interventi informativi ad hoc. Vi è poi la teoria dell'illusione del controllo, per la quale l'individuo fonda i propri comportamenti sulla falsa credenza di poter controllare gli eventi determinati dal caso, come il risultato di un tiro a dadi. La teoria dell'insoddisfazione di Cornish punta invece ad individuare, nell'insoddisfazione esperita dal giocatore, il movente per cui il soggetto si avvicina al gioco d'azzardo. Entro tale teoria, la continuativa partecipazione al gioco consente al soggetto di trasformare l'insoddisfazione iniziale in appagamento. Tale appagamento eserciterebbe la funzione di ricompensa per la continuazione del gioco stesso. Zuckerman parla di Sensational Seeking, ossia la ricerca da parte del soggetto di sensazioni forti come motivazione per l'avvio e il ripetersi del comportamento di gioco. Sarebbe, in quest'ottica, l'attesa per la vincita e il rischio della perdita alla base del gioco patologico. Tra le più diffuse teorie cognitivo-comportamentali si può poi far riferimento alla Flow theory, che individua uno stato piacevole di esperienza ottimale entro cui il soggetto si sente immerso durante la pratica del gioco, sperimentando sensazioni piacevoli e dimenticando le preoccupazioni ed emozioni sgradevoli che ne connotano l'esperienza di vita.

Una lettura della sociologia: il gioco d'azzardo come prodotto commerciale

Questo paragrafo intende proporre una lettura sociologica del fenomeno del gambling, collocata entro il contesto del dibattito sui consumi.

Nelle pagine precedenti, è stata brevemente introdotta la storia del gioco d'azzardo. E' stato messo in evidenza che la legalizzazione del gioco d'azzardo ha comportato un cambiamento sostanziale nella rappresentazione del gioco, che da attività illecita e marginale è diventata legittimo bene di consumo. E' stato sottolineato che la veloce quanto capillare diffusione dell'esercizio del gioco ha comportato il riposizionamento dell'immagine stessa del gioco d'azzardo, proposta quindi come un fenomeno commerciale capace di offrire ampi margini di profitto. In questo paragrafo si propone di esplorare più approfonditamente la portata di tale cambiamento, entro una prospettiva sociologica.

Le pratiche di gioco, liberandosi dallo stigma che le caratterizzava quando illegali, diventano rapidamente fenomeno mainstream. Si diffonde la rappresentazione del gioco come pratica condivisa, attività di leisure e entertainment. Il gioco d'azzardo diventa prodotto commerciale e, in quanto tale, il suo consumo è legittimato dalle scelte dell'individuo che, in quanto consumatore, dispone del proprio libero-arbitrio per muoversi nel mercato. In linea con la dominante cultura neoliberista, si sviluppa un nuovo concetto alla base della proposta del gioco d'azzardo legale: il "Gioco Responsabile". Viene proposta la rappresentazione dell'individuo-consumatore che è capace di autoregolarsi nel compiere scelte consapevoli e dunque responsabili. L'azzardo insito nel gioco viene collegato al più ampio concetto di rischio previsto dal mercato, entro le concettualizzazioni e le pratiche dell'approccio neoliberista.

Le proposte commerciali relative al gioco d'azzardo, che dal momento della sua legalizzazione passa sotto il diretto controllo dello Stato, si accompagnano quindi alla richiesta rivolta ai consumatori-cittadini, di gestire le proprie condotte in modo prudente e autonomo al fine di tutelare la propria salute e il proprio benessere. Lo Stato persegue la mission di promozione della salute dei propri cittadini, promuovendo al tempo stesso beni di consumo che però avvisa essere potenzialmente dannosi ai fini della salute stessa. Un po' come avviene per il consumo di tabacco o di alcolici, sembrano emergere rappresentazioni eterogenee e non sempre facilmente conciliabili dello Stato e delle sue mission: lo Stato assistenzialista del Welfare affianca lo Stato liberista che propone una visione di consumatore capace di autoregolarsi. E' possibile ipotizzare che tenere insieme tali rappresentazioni sia complesso e che tale complessità caratterizzi anche le culture che si rintracciano alla base delle prassi di intervento nelle aziende sanitarie del Welfare State e i problemi che caratterizzano tali prassi (Mazzola, 2018). Si fa riferimento alle culture assistenzialistiche e contemporaneamente alle culture capitalistiche che si intrecciano nelle rappresentazioni di chi opera entro i Servizi sanitari che si occupano appunto di interventi rivolti alla promozione della salute, come nel caso delle azioni di contrasto verso le Dipendenze da Gioco d'Azzardo.

Entro tale cornice simbolica, la rappresentazione proposta al giocatore è quella, mutuata dall'economia, dell'individuo razionale, capace di operare scelte volte a massimizzare efficacia ed efficienza del proprio agire, laddove in possesso di tutte le informazioni necessarie. Ancora in riferimento ai modelli economici di interpretazione del comportamento umano, le scelte infruttuose dell'individuo possono essere attribuite a una razionalità limitata imputabile ad un'insufficienza di informazioni. In tale cornice concettuale si inseriscono anche i modelli di intervento e delle azioni di prevenzione basati sul passaggio di informazioni in merito ai meccanismi del gioco d'azzardo e ai rischi che comporta. Entro tale prospettiva, ciascun individuo sceglie di assumere la responsabilità dei possibili rischi insiti nel consumo del gioco, in virtù della propria libera scelta responsabile e consapevole.

Se quindi lo stigma sociale che veniva attribuito all'attività di gioco d'azzardo tout court in quanto attività illecita è stato superato, il rischio di stigmatizzazione viene riformulato rispetto all'eccessivo coinvolgimento nel gioco. In altre parole, il problema non risiede nel gioco in sé ma nella misura del gioco, nell'eccesso, ossia nell'incapacità dell'individuo di autoregolarsi.

3. Le prassi di intervento nel gambling

Nei precedenti paragrafi è stata presentata una review delle principali concettualizzazioni teoriche elaborate dalle differenti discipline per analizzare il fenomeno del gioco d'azzardo. In questo capitolo si propone un'introduzione alle più diffuse pratiche di intervento che vengono sviluppate a partire dalle modellizzazioni precedentemente proposte.

La prima parte del capitolo sarà dedicata a presentare le prassi di intervento rivolte a persone che presentano problemi correlati al gambling. La seconda parte sarà invece rivolta ad introdurre le più diffuse prassi di prevenzione, volte a contrastare il diffondersi di problemi relativi al gioco d'azzardo.

Nel complesso universo di realtà organizzative che offrono servizi rivolti a persone che pongono problemi connessi al gioco d'azzardo, l'analisi verrà concentrata su quanto proposto a livello istituzionale. Il capitolo si occuperà cioè di presentare le principali pratiche messe in atto entro il contesto del Servizio Sanitario Nazionale, che tramite le Aziende Sanitarie Locali (ASL) e i Centri SerD o gli Ambulatori GAP organizzano un'offerta di servizi eterogenei: da un assetto ambulatoriale, sino a livello residenziale.

Prima di entrare nel vivo del paragrafo dedicato al processo di gestione ambulatoriale nel gambling, può essere interessante porre all'attenzione del lettore una notazione. Perché si parla di Ambulatori GAP (Gioco d'Azzardo Patologico)? Al fine di un'analisi sulle culture condivise rispetto al fenomeno del gioco d'azzardo, si intende qui sottolineare la definizione dell'oggetto di intervento proposta, al fine di utilizzarla come una traccia di simbolizzazioni condivise circa i problemi cui rivolgere interventi o prevenzione. Vediamo che l'oggetto dell'analisi qui non è più il fenomeno del gioco d'azzardo nelle diverse declinazioni possibili, ma l'individuo o l'atteggiamento che può essere definito come patologico. Si può notare, inoltre, che l'aggettivo patologico fa riferimento ad uno specifico universo culturale, quello della medicina, che declina cura e prevenzione come obiettivi del proprio agire, entro specifici paradigmi culturali che risultano prioritari nell'approccio istituzionale ai problemi. Utile avere a mente tale traccia ai fini di un'analisi delle pratiche e dei dispositivi che gli Ambulatori GAP predispongono.

Il processo di gestione ambulatoriale nel gambling

Questo paragrafo propone un introduzione circa le più diffuse pratiche che caratterizzano la gestione ambulatoriale nel gambling, nelle diverse fasi che delineano il processo di presa in carico del paziente che si rivolge ad un Servizio del Sistema Sanitario. I Servizi che prendono in carico problematiche relative al Gioco d'Azzardo Patologico possono essere diversi, dai SerD (Servizi per le Dipendenze patologiche), ai più specifici Ambulatori GAP dedicati, laddove presenti[8]. A seguire, si propone a seguire una schematizzazione delle diverse fasi del processo di gestione del paziente elaborata a partire da un'analisi dei documenti istituzionali e della letteratura sul tema.

Così come generalmente avviene per gli altri Servizi sanitari, quando un Centro (SerD o GAP) viene contattato da un utente, o quando riceve l'invio di un utente da parte di altri Servizi Sanitari, il primo step che viene attivato è la fase dall'accoglienza. E' previsto uno o più incontri volti ad accogliere l'utente, in un processo di reciproca conoscenza tra l'utente e l'organizzazione, con l'obiettivo di operare una prima analisi della richiesta dell'utente, al fine di avviare il processo di presa in carico affidando al professionista più adatto la richiesta ricevuta. Come un triage, la fase di accoglienza punta quindi ad indirizzare l'utente verso lo specialista più pertinente alla richiesta, che si tratti di un professionista operante all'interno del Centro stesso (psicologo, psichiatra, ecc.) o eventualmente valutando la possibilità di un invio ad altri professionisti o Centri più pertinenti a trattare la richiesta posta.

La fase di accoglienza risulta quindi cruciale in quanto capace di indirizzare il percorso di presa in carico successivo. E' inoltre nella fase di accoglienza, che avviene l'incontro tra l'utente e il Servizio. E' nell'accoglienza che si istituisce la relazione tra la persona e il Servizio, dove la persona porta un proprio problema. E' in questa cruciale fase che si opera una traduzione simbolica del problema in una richiesta concordata con la cultura locale del Servizio cui il problema viene posto. In altre parole, è nella fase di accoglienza che un problema sperimentato nel contesto di convivenza di una persona viene tradotto in un problema che può essere medicalizzato, ossia

---

[8] Cfr: www.politicheantidroga.gov.it/it/serd-e-comunita/i-serd

concettualizzato e trattato grazie ai modelli della cultura medica operante entro il Sistema Sanitario (Mazzola 2018).

Nel caso in cui, in fase di accoglienza, la richiesta posta dall'utente vada individuata come una problematica connessa al gambling, si dà il via alla fase di assessment. L'utente viene quindi inviato ai professionisti del Centro che si occupano di operare una valutazione generale del paziente al fine di giungere ad una diagnosi. Si fa riferimento ad un "approccio multidisciplinare integrato" che attraverso il ricorso a specifici strumenti diagnostici possa determinare il più idoneo percorso terapeutico da avviare, alla luce di anamnesi e storia clinica, con particolare attenzione alla situazione generale del paziente ed alla sua motivazione. Solo in seguito si potrà attivare il trattamento più adeguato allo specifico caso, cui farà seguito un processo di follow up per la verifica dell'intervento nel tempo.

Dopo aver delineato uno schema essenziale capace di guidare il processo di presa in carico ambulatoriale, ci si occuperà nei prossimi paragrafi di approfondire alcune delle più diffuse prassi relativamente a assessment, trattamento e prevenzione del Disturbo da Gioco d'Azzardo.

L'assessment nel gambling

In questo paragrafo verrà proposta un'introduzione all'assessment nel gambling, presentando i più diffusi strumenti diagnostici utilizzati nelle prassi cliniche.

L'assessment, termine inglese per "valutazione", sta ad indicare un processo che prevede l'analisi di diversi fattori al fine di giungere ad una più specifica conoscenza della persona o del gruppo coinvolti nella valutazione. Tale processo può giungere o meno all'individuazione di una specifica categoria cui viene associato il soggetto o il gruppo valutato. E' questo il caso di un processo diagnostico di tipo psichiatrico, che punta all'individuazione di una diagnosi cui associare uno specifico iter terapeutico. E' questo anche il caso di un possibile modo di intendere l'assessment in psicologia che, come si diceva, comprende un panorama eterogeneo composto da diversi approcci concettuali, fondati su un'epistemologia individualista o culturalista. L'eterogeneità che caratterizza l'elaborazione di differenti modellizzazioni concettuali sul gambling, trova un rispecchiamento nell'eterogeneità che caratterizza le prassi di verifica e quelle di intervento. In altre parole, i diversi modi di concettualizzare l'oggetto di indagine, determineranno i diversi modi di procedere in fase di assessment.

Nella letteratura sul gambling è possibile rilevare la diffusione di un approccio individualista all'assessment, dove centrale risulta il costrutto psichiatrico di Gioco d'Azzardo Patologico e di Dipendenza da Gioco d'Azzardo. Tale approccio sembra in continuità con la cultura medica fondante i Servizi sanitari delle ASL, come i SerD o gli ambulatori GAP.

In particolare, nella dibattito scientifico sul tema è diffuso un approccio multidimensionale all'assessment nel gambling, che prevede un approccio multidisciplinare integrato al problema, attraverso una valutazione psichiatrica e psicologica, operata attraverso un'analisi dell'anamnesi generale, della motivazione e della compliance del soggetto, per giungere ad una specifica diagnosi, in base alla quale orientare le successive scelte terapeutiche.

Al fine di giungere alla diagnosi si segnalano aree da esplorare rispetto a diverse dimensioni: da un livello propriamente medico (stato di salute generale e familiarità) ad un inquadramento più ampio del contesto di vita del soggetto in valutazione. La storia di vita del giocatore, analizzata secondo i modelli di riferimento del professionista che sta operando l'assessment, potrà essere indagata con particolare riferimento a eventi traumatici, fasi di vita, tratti di personalità, stili di attaccamento, copioni relazionali, stili di copying o problem solving, sentimento di autoefficacia o resilienza, simbolizzazione sui propri limiti e risorse, rappresentazione del futuro, ecc. Si potrà porre una particolare attenzione al gioco d'azzardo rispetto a: inizio del gioco d'azzardo, attuale atteggiamento e storia personale di gioco; stile di gioco (quale gioco? Quando? Quanto?); elementi o situazioni scatenanti; conseguenze del gioco a livello individuale, relazionale, sociale e finanziario. Si potrà operare un'analisi dei punti di fragilità e una mappatura delle risorse esistenti come competenze cognitive, sociali, relazionali, lavorative, situazione economica ed eventualmente debitoria, supporto familiare e sociale. Si potrà verificare la presenza di eventuali comorbilità, valutando in particolare la presenza delle comorbilità più ricorrenti secondo la letteratura, come: disturbi dell'umore (depressione, ipomania, disturbo bipolare); dipendenza da sostanze alcooliche o psicoattive; disturbi di personalità (antisociale, narcisistica, istrionica, borderline); disturbi da attacchi di panico; deficit di attenzione e iperattività; disturbi fisici correlati (viscera peptica, ipertensione arteriosa, ecc). Si potrà inoltre analizzare la motivazione del soggetto al trattamento, valutandone il livello di compliance.

Il processo di assessment può avvalersi dell'utilizzo di strumenti diagnostici. A seguire, si presentano i più diffusi test e questionari utilizzati per la valutazione del giocatore patologico.

Il SOGS - South Oaks Gambling Screen è considerato il questionario più noto e diffuso nel mondo per la valutazione dei disturbi da gioco d'azzardo. Prevede 20 domande da sottoporre al soggetto relativamente alle abitudini di gioco e di relazione. Esso esita nell'indicazione di 3 profili possibili: nessun problema specifico (conseguendo da 0 a 2 punti);

profilo a rischio (da 3 a 4 punti); disturbo da gioco d'azzardo (per ≥ 5 punti). Il SOGS-RA South Oaks Gambling Screen consiste nella versione per adolescenti del precedente questionario, offrendo una valutazione adeguata all'età e alle abitudini di vita dei soggetti più giovani.

Il Lie-Bet Questionnaire viene spesso utilizzato anche in rapporto alla semplicità di somministrazione. Il questionario è composto, infatti, da due sole domande. Esse sono state elaborate a partire dagli elementi che gli autori hanno considerato più rilevanti tra le caratteristiche previste dal DSM al fine di giungere a determinare la diagnosi di Dipendenza da Gioco d'Azzardo. In particolare, il questionario indaga se il soggetto gioca cifre sempre maggiori e se il soggetto tende a nascondere l'entità del gioco. In presenza di uno o di entrambi gli elementi, si individua il rischio di perdita di controllo del gioco, caratteristica individuata come cruciale per la definizione di Dipendenza da Gioco d'Azzardo.

L'Intervista diagnostica di Ladouceur si delinea come un'intervista semi-strutturata con 26 domande. Essa si rifà ai criteri diagnostici del DSM-IV, inserendo ulteriori domande volte a esplorare più dettagliatamente le risposte del giocatore.

Lo stesso autore ha elaborato anche schede di auto-osservazione e analisi funzionale, volte ad un monitoraggio giornaliero delle attività di gioco da parte del giocatore stesso. Tale compilazione persegue un obiettivo diagnostico e al tempo stesso terapeutico. Entro tale filone metodologico, è possibile segnalare che vi sono numerosi format per effettuare self report, al fine di formulare la diagnosi secondo le indicazioni fornite dal DSM.

La Craving Scale consiste in un insieme di item volti a valutare su Scala Likert il costrutto di craving, nell'esperienza del soggetto. Essa analizza diverse variabili: intensità, frequenza e gestione del craving. Tale scala risulta essere notevolmente diffusa in Italia, anche in relazione alla possibilità di utilizzo come strumento di monitoraggio: secondo il principio test-retest, si valuta l'andamento del craving per il soggetto nel corso del tempo.

La Sensastional Seeking Scale si configura come un test volto a valutare nel soggetto la ricerca di emozioni forti, la disinibizione, la facilità ad annoiarsi: Secondo gli autori, tali elementi vanno considerati come variabili alla base del maccanismo di ricerca del gioco.

Vi è poi il test Core-Om (Clinical outcome routine evaluation outcome measure). Questo test, nato come strumento di valutazione dei trattamenti, comprende 34 item da misurare su Scala Likert al fine di esplorare 4 diverse dimensioni: benessere soggettivo; sintomi (sintomi depressivi e ansiosi, sintomi fisici e traumi); funzionamento (generale e sociale); rischio (per sé e per gli altri).

Ai reattivi psicodiagnostici elaborati specificamente per misurare il fenomeno del gambling, che sono stati fin qui presentati, è possibile accompagnare altri strumenti diagnostici mirati ad un'esplorazione più generale della personalità del soggetto, come il più diffuso MMPI-2.

I trattamenti nel gambling

Questo paragrafo intende presentare le più diffuse pratiche terapeutiche messe in atto per il trattamento di problemi che vengono identificati con una specifica diagnosi connessa alla Dipendenza da Gioco D'azzardo. Si procederà introducendo i trattamenti farmacologici, per poi presentare i trattamenti psicoterapici ambulatoriali, concludendo con l'approccio residenziale.

Il trattamento farmacologico può essere concepito come

una delle possibili forme di intervento previste dall'approccio psichiatrico ai problemi che rientrano nella categoria diagnostica di Dipendenza da Gioco D'azzardo. Si ricorderà che nei paragrafi precedenti è stata tracciata la storia della categoria diagnostica associata a problemi attualmente attribuiti a Dipendenza da Gioco D'azzardo. Si ricorderà anche che storicamente tali problemi sono stati associati a diversi disturbi: disturbi dell'umore, disturbi dello spettro ossessivo-compulsivo, disturbi del controllo degli impulsi, fino ad arrivare a disturbi da dipendenza (con craving in presenza o meno di sostanze). I principali trattamenti farmacologici ricalcano le differenti elaborazioni storicamente prodotte in merito alla concettualizzazione della diagnosi relativa ai problemi connessi al gambling. E' possibile individuare infatti diverse categorie di farmaci più ampiamente utilizzati nel trattamento del GAP: vi sono i farmaci anti-craving (antagonisti oppioidi); farmaci volti a intervenire sui disturbi dell'umore (antidepressivi); farmaci stabilizzatori dell'umore (antipsicotici atiptici).

Il trattamento farmacologico può essere utilizzato in combinazione ad uno o più trattamenti psicoterapici ambulatoriali, o si può piuttosto scegliere di utilizzare i diversi trattamenti in modo non combinato. I trattamenti psicoterapici ambulatoriali possono essere rivolti al singolo individuo portatore di diagnosi, all'individuo ed al suo contesto familiare o possono altresì essere condotti in assetto di gruppo, convocando diversi utenti o familiari che condividono diversi aspetti come la diagnosi o che in senso più ampio condividono, a vari livelli, l'esperienza di problemi connessi al gioco d'azzardo. I più diffusi approcci alla base dei trattamenti psicoterapici ambulatoriali possono essere individuati nelle modellizzazioni teoriche precedentemente proposte: l'approccio sistemico-relazionale e quello cognitivo-comportamentale, con il suo derivato approccio psico-educazionale, il quale prevede un processo di apprendimento capace di sostituire comportamenti identificati come problematici con comportamenti virtuosi. In estrema sintesi, l'approccio sistemico-familiare propone un intervento che mira a rielaborare la relazione di co-dipendenza all'interno del sistema sociale di riferimento dell'individuo che agisce il sintomo. L'intervento fondato su un approccio cognitivo-comportamentale, invece, punta a correggere i comportamenti individuati come maladattivi, entro percorsi che perseguono il raggiungimento di obiettivi successivi, step by step. Una volta definiti i comportamenti target, ossia quelli che l'intervento punta a modificare, si procede attraverso l'utilizzo di diverse tecniche. Tali tecniche possono mirare a inibire percezioni erronee e schemi automatici di pensiero alla base dei processi decisionali disfunzionali, o anche possono puntare a modificare reazioni comportamentali che il soggetto mette in atto in modo abituale quando si trova in circostanze stressanti, promuovendo l'apprendimento di nuove modalità di reazione considerate più funzionali. Si propongono alcuni esempi di obiettivi specifici che possono essere individuati entro tale assetto terapeutico: ridefinizione della percezione erronea del concetto di causalità; sviluppare processi decisionali basati su scelte meno automatiche ed impulsive; individuazione di triggers (elementi che inducono al gioco) interni e esterni; sviluppo di migliori abilità di problem solving anche in situazioni di forte stress emotivo; sviluppo di più evolute abilità sociali e una migliore percezione di autoefficacia; individuazione di fattori di rischio al fine di prevenire possibili ricadute, ecc.

Infine, vi è l'approccio residenziale al trattamento dell'individuo che presenta diagnosi di Disturbo di Gioco d'Azzardo, che fa ricorso alla possibilità di risiedere presso comunità terapeutiche. E' possibile far ricorso ad un regime di residenzialità nelle situazioni che non riescono a trovare sufficiente sostegno in un intervento ambulatoriale, per uno scarso livello di autonomia dell'utente o per la carenza di un supporto sociale/familiare capace di accompagnare il percorso terapeutico. L'approccio residenziale prevede una più ampia presa in carico dell'utente, cui vengono destinate diverse attività di tipo terapeutico-riabilitative, includendo, laddove necessario, anche il coinvolgimento di un amministratore di sostegno per il giocatore.

La prevenzione nel gambling

Questo paragrafo è dedicato ad offrire un'introduzione circa i più diffusi modelli di riferimento per le prassi di prevenzione volte a contrastare il diffondersi di problemi relativi al gambling.

E' possibile proporre una prima categorizzazione che distingue tra interventi di prevenzione primaria, secondaria e terziaria. La prevenzione primaria punta a contrastare lo sviluppo di situazioni sociali critiche, che possano favorire l'insorgere di comportamenti considerati come "a rischio", come una base fertile per il successivo insorgere di comportamenti individuati come problematici. La prevenzione secondaria si declina attraverso la realizzazione di diagnosi precoci volte ad interventi tempestivi per contrastare il fenomeno provando a risolvere il problema appena sorto. La prevenzione terziaria, invece, organizza interventi volti ad impedire il peggioramento di un più ampio quadro considerato cronico.

Gli interventi di prevenzione possono poi essere distinti in base al target di riferimento. Si parla di prevenzione universale quando si attuano interventi ad ampio raggio, ossia rivolti a tutta la popolazione, a prescindere da una valutazione su specifici profili di rischio. Si fa riferimento a prevenzione selettiva quando si realizzano interventi rivolti a sottogruppi interni ad una specifica popolazione, ossia interventi rivolti ad un campione selezionato in base ad un maggior profilo di rischio. Si fa invece riferimento a prevenzione mirata quando si portano avanti interventi rivolti ad individui che presentano segni prodromici di alto rischio.

A partire da un'analisi della letteratura è possibile affermare che i più diffusi interventi preventivi fanno riferimento ad azioni rivolte ai giovani, realizzati spesso attraverso il coinvolgimento di scuole di diverso grado. Si può far riferimento in questo caso a quella che viene definita come "prevenzione educativa", ossia un approccio informativo ed educativo rivolto agli individui coinvolti in giovane età con la premessa concettuale che un intervento precoce può essere più efficace al fine di contrastare il successivo instaurarsi di atteggiamenti problematici. Gli interventi di prevenzione educativa possono essere occasionali o procedere per progetti continuativi e possono prevedere diverse metodologie: dalla peer education, all'intervento di esperti esterni in conferenze o progetti esperienziali, alla proiezione di prodotti audiovisivi, al coinvolgimento in esperienze ricreative, ecc. Gli interventi possono essere condotti in orario scolastico, coinvolgendo altri attori del contesto scolastico o fuori scuola. Gli obiettivi e i modelli teorici di riferimento alla base di tali interventi possono essere altrettanto variegati. Vi possono essere interventi volti a far comprendere le dinamiche del gioco d'azzardo e le reali possibilità di vincita, al fine di contrastare distorsioni cognitive e false credenze. Vi possono essere interventi volti a rinforzare la percezione di autoefficacia e le capacità di problem solving o interventi che si declinano elaborando la rappresentazione del futuro al fine di sostenere la capacità di desiderare e realizzare progetti di vita. Vi possono essere interventi volti a favorire la cultura ludica del gioco, come veicolo di socializzazione e divertimento, o interventi che puntano a valorizzare e sviluppare le competenze del giocatore contrastando la ricerca della vincita affidata al caso. Entro tale variabilità, è possibile tuttavia individuare un fil rouge che caratterizza gli interventi di prevenzione. Attraverso un'analisi della letteratura sul tema è, infatti, possibile mettere in evidenza il ricorrente approccio di rete che fonda gli interventi di prevenzione nel gambling. Tali interventi non vengono realizzati da una singola organizzazione isolata, ma vengono basati sulla creazione di reti tra diversi attori che condividono uno specifico territorio. Scuole, famiglie, Servizi sanitari, Amministrazioni locali, Forze dell'Ordine, privato sociale e liberi professionisti possono essere coinvolti nei diversi interventi di prevenzione volti a contrastare il fenomeno del gambling.

4. Una proposta interpretativa: l'azzardo del gioco patologico

Questo paragrafo intende proporre una lettura interpretativa del fenomeno del gambling, a valle dell'esplorazione fin qui realizzata. Si propone, in particolare, un'interpretazione basata su una prospettiva psicosociologica con orientamento psicoanalitico.

E' stata fin qui presentata un'esplorazione del fenomeno del gambling per come concettualizzato entro differenti prospettive. Tale esplorazione è stata orientata dall'interesse ad indagare i diversi modi con i quali viene simbolizzato il fenomeno del gioco d'azzardo. L'ipotesi è che i modelli proposti per analizzare o intervenire sui fenomeni possano essere considerati traccia di simbolizzazioni emozionali condivise sui fenomeni stessi (Mazzola, 2018). In altre parole, le elaborazioni teoriche, in quanto prodotti culturali, possono essere interpretati come indizi della cultura condivisa su uno specifico tema.

Si prenda in considerazione la parola stessa: gambling. In inglese, la parola indica l'attività di scommettere denaro, per esempio in un gioco o in una corsa di cavalli[9]. E' interessante notare come in italiano, la parola venga utilizzata per "gioco d'azzardo"[10] ma, al tempo stesso, anche per quella serie di comportamenti che possono essere ascritti al costrutto di gioco patologico[11]. E' interessante sottolineare la confusione che l'associazione tra i due concetti può comportare. Si può evidenziare come la polisemia della parola contenga sia il gioco sia i problemi ad esso attribuiti, associati entro un unico concetto: gambling. Possiamo considerare tale indizio come una traccia di quale dinamica?

E' possibile utilizzare le categorie di Carli & Paniccia (2003) per interpretare i problemi connessi al gioco d'azzardo come un fallimento della collusione relativa al gioco stesso.

Si torni alla prospettiva sociologica precedentemente presentata, per cui il fenomeno del gioco d'azzardo viene proposto come prodotto commerciale. Si è proposto che, in una cultura neoliberista, il consumo del gioco d'azzardo, controllato dallo Stato, viene affidato alla responsabilità del cittadino-consumatore, libero di operare scelte di consumo prudenti ed autonome al fine di tutelare la propria salute. Si ricorda l'ipotesi per cui, tale cultura, fonda la rappresentazione del cittadino-consumatore sulla simbolizzazione dell'individuo come agente razionale, capace di autoregolarsi ed assumere scelte mirate a massimizzare efficacia ed efficienza del proprio agire consapevole. Dopo l'evento della sua legalizzazione, il gioco d'azzardo perde lo stigma che lo caratterizza e diventa attività lecita, bene di consumo, capillarmente esteso nella popolazione. Entro tale cornice simbolica, il gioco d'azzardo non è un problema tout court, ma lo diventa quando

---

[9] Cfr: dictionary.cambridge.org/it/dizionario/inglese/gambling

[10] Cfr: www.garzantilinguistica.it/ricerca/?q=gambling

[11] Cfr: www.treccani.it/enciclopedia/gambling_%28Dizionario-di-Medicina%29

l'individuo mostra di non essere capace di autoregolarsi, esibendo un coinvolgimento considerato eccessivo, in relazione all'impatto sociale ed economico dei suoi comportamenti. In altre parole, ad essere problematico ed oggetto di stigma non è il gioco, ma il giocatore, ossia l'individuo che perde la capacità di agire in modo responsabile e, in quanto tale, si arriva a dubitare che possa mettere a rischio la propria salute.

In altre parole, è possibile interpretare "l'impatto sociale" attribuito al gambling come l'impatto dei problemi dei sistemi di relazione entro cui il giocatore partecipa. Tali problemi interessano i sistemi di convivenza che producono una simbolizzazione dei comportamenti dell'individuo come connessi all'eccessivo coinvolgimento del giocatore nel gioco d'azzardo. Possiamo, in altre parole, affermare che i problemi attribuiti al gioco d'azzardo possono essere interpretati come eventi critici agiti da individui che si mostrano incapaci di autoregolarsi. Tali eventi critici possono essere considerati indizio del fallimento collusivo di culture che i sistemi di convivenza condividono (Carli, 2015). Si fa in questo caso specifico riferimento al fallimento della collusione che caratterizza la cultura neoliberista: è la simbolizzazione dell'individuo come agente razionale capace di autoregolarsi che fallisce. Il fallimento di tale simbolizzazione è rivelato da comportamenti dell'individuo che rompono le regole di convivenza condivise entro i sistemi di relazione, per cui si parla di impatto sociale ed economico. L'impatto sociale dei comportamenti del giocatore che non è capace di autoregolarsi possono essere considerati come in stretto rapporto con la salute e il benessere, che lo Stato è chiamato a tutelare.

Per analizzare il nesso tra il concetto di salute e quello di impatto sociale, si torni a far riferimento alla prospettiva psichiatrica sul gambling, precedentemente presentata. Si ripensi all'elaborazione della diagnosi di Gioco d'Azzardo

Patologico e a quella di Dipendenza da Gioco d'Azzardo. Tali diagnosi condividono l'impostazione epistemologica della medicina che procede per categorie nosografiche, definendo quadri sindromici in relazione alla presenza o assenza di criteri descrittivi. In altre parole, per giungere alla diagnosi di DGA è necessario che l'individuo presenti determinate caratteristiche che si declinano in comportamenti perpetrati per un lasso di tempo definito. Per citare alcuni dei criteri diagnostici previsti dal DGA, ricordiamo: bisogni di giocare d'azzardo con quantità crescenti di denaro; dopo aver perso soldi al gioco, spesso torna a giocare per ottenere la rivincita; mente per nascondere l'entità del coinvolgimento con il gioco d'azzardo; ha messo a repentaglio o perso una relazione significativa, il lavoro, o opportunità di istruzione o di carriera a causa del gioco d'azzardo (APA, 2013).

E' possibile avanzare l'ipotesi che tale incapacità di autoregolarsi mette a rischio la salute dell'individuo nella misura in cui egli agisce comportamenti che, proprio in relazione al loro impatto sociale o economico si caratterizzano come patologici.

L'ipotesi che si propone è che, tanto entro una lettura economica che entro una lettura psichiatrica, si propone una individualizzazione dei problemi che i sistemi di convivenza sperimentano rispetto al gambling attraverso un processo di medicalizzazione.

La prospettiva neoliberista fa riferimento all'individuo razionale simbolizzato come capace di autoregolare le proprie scelte di consumo rispetto al gioco. Se i comportamenti del giocatore creano allarme nei sistemi sociali, poiché ne violano le regole di convivenza, si parla di comportamento sregolato del giocatore che mostra un coinvolgimento eccessivo nel gioco, che va riportato a norma. E' così che il giocatore viene simbolizzato come giocatore patologico.

E' in questo processo che risiede la dinamica che, nel titolo del capitolo, e del libro, è stata definita come "l'azzardo del gioco patologico". Con tale espressione si intende sottolineare che parlare di gioco patologico è un azzardo, nella misura in cui ad essere definito come patologico non è il gioco ma il giocatore, a valle di un processo simbolico, e dunque culturale, che trasforma problemi di convivenza in patologie del singolo. L'azzardo di tale trasformazione simbolica risiede nella definizione stessa dell'oggetto di analisi e nell'individuazione di strumenti e metodologie di intervento con cui occuparsi dei problemi. Si propone di pensare che tale dinamica simbolica comporta una trasformazione di dinamiche di relazione in atteggiamenti dell'individuo, da correggere. Ci si attrezza quindi con categorie di lettura e strumenti di intervento per l'individuo, in assenza di modelli di analisi rivolti alla relazione: dalla diagnosi psichiatrica che si fonda sulla presenza/assenza di comportamenti dell'individuo indicati da criteri diagnostici; alla psicologia cognitivo-comportamentale che punta a colmare i deficit informativi del giocatore rispetto al rischio che corre con il gambling.

Per concludere, si torni a far riferimento alle parole della rivista Nature[12] che nell'editoriale del 2018 sosteneva che la scienza ha un problema rispetto al gioco d'azzardo, verso cui auspica di rivolgere una maggiore attenzione. La proposta interpretativa presentata entro questo capitolo consente di tracciare possibili linee di sviluppo per l'approccio al fenomeno del gambling: sviluppare una prospettiva relazionale rispetto a cui orientare prassi di analisi e intervento, capaci di farsi carico dei problemi sperimentati entro i sistemi di convivenza ed attribuiti al gioco d'azzardo.

---

[12] Cfr: www.nature.com/articles/d41586-018-01051-z

Conclusioni

Si è puntato fin qui a proporre un'esplorazione del fenomeno del gioco d'azzardo, per osservarlo da diversi punti di vista.

Il fenomeno è stato inquadrato entro una prospettiva storica e successivamente analizzato in relazione agli attuali dati concernenti la diffusione del fenomeno in Italia. A partire da un'analisi della letteratura sul tema, è stata poi presentata una rassegna sulle più diffuse modellizzazioni teoriche relative al fenomeno prodotte dalle diverse discipline. Sono state quindi introdotte le principali concettualizzazioni elaborate nell'ambito della psichiatria, della psicologia e della sociologia.

Si è poi puntato ad offrire una prospettiva sulle prassi più diffuse entro i Servizi Sanitari presenti entro le diverse Aziende Sanitarie Locali relativamente alla gestione del Gioco d'Azzardo Patologico e della Dipendenza da Gioco d'Azzardo, focalizzando l'attenzione sulle diverse fasi del processo di presa in carico: dalla fase di accoglienza, all'assessment. Si è dedicato focus specifico agli strumenti diagnostici più utilizzati, per poi passare a presentare le diverse forme di intervento e prevenzione.

L'ultimo capitolo è stato dedicato a presentare una proposta interpretativa elaborata a valle della precedente esplorazione. Giungendo, in conclusione, a tracciare linee di sviluppo possibili per un lavoro che possa portare all'elaborazione di analisi e interventi rivolti ai contesti di convivenza che sperimentano problemi in relazione al fenomeno del gambling.

Riferimenti bibliografici

American Psychological Association (1980). *Diagnostic and Statistical Manual of Mental Disorders, Third Edition* (DSM – III). Trad. it. Milano: Masson, 1983.

American Psychological Association (2013). *Diagnostic and Statistical Manual of Mental Disorders, Fifth Edition* (DSM – 5). Trad. it. Milano: Raffaello Cortina, 2014.

Carli, R. (2015). Perché si va dallo psicologo clinico: Ripensando l'analisi della domanda. *Rivista di Psicologia Clinica*, 1, 33 – 44.

Carli, R., & Paniccia, R.M. (2003). *Analisi della domanda. Teoria e tecnica dell'intervento in psicologia clinica*. Bologna, IT: Il Mulino.

Griffiths, M. (1995). *Adolescent Gambling*. London: Routledge.

Korn, D. A., & Shaffer, H. J. (1999). Gambling and the health of the public: Adopting a public health perspective. *Journal of gambling studies*, *15*(4), 289-365.

Mazzola, A. (2018). Psicoterapia nei contesti: Quale rapporto tra il mandato dei servizi di salute mentale e le domande ad essi rivolte? Resoconto di un intervento in un CSM. *Rivista di Psicologia Clinica*, 1,66-84. doi: 10.14645/RPC.2018.1.716

Messerlian, C., Derevensky, J., & Gupta, R. (2005). Youth gambling problems: A public health perspective. *Health promotion international*, *20*(1), 69-79.

Orford, J. (2010). *An unsafe bet?: The dangerous rise of gambling and the debate we should be having*. John Wiley & Sons.

Pedroni, M. (2014). The «banker» state and the

«responsible» enterprises. Capital conversion strategies in the field of public legal gambling. *Rassegna italiana di sociologia*, 55(1), 71-98.

www.ingramcontent.com/pod-product-compliance
Lightning Source LLC
Chambersburg PA
CBHW051231250726
48655CB00006B/2720